AF459511

# STATUTS ET REGLEMENS DES ESCOLES CHRESTIENNES ET CHARITABLES DU S. ENFANT JESUS,

Establies dans les Villes, les Bourgs & les Villages, pour estre observez sous le bon plaisir & l'autorité de Nosseigneurs les Archevêques & les Evêques, & de Messieurs les Curez, par les Maîtres & les Maistresses dans les Parroisses où ils seront employez, sous la conduite du R. Pere BARRÉ Minime.

BIBLIOTHEQUE NATIONALE FONDS LE SENNE No 987 IMPRIMÉS

A PARIS.

Chez FRANÇOIS LE COINTE ruë des Sept-Voyes, prés le College de Reims.

M. DC. LXXXV.

*AVEC PERMISSION.*

# STATUTS ET REGLEMENS DES ESCOLES

## CHRESTIENNES ET CHARITABLES DU S^t. ENFANT JESUS.

Establies dans les Villes, les Bourgs & les Villages, pour estre observez sous le bon plaisir & l'autorité de Nosseigneurs les Archevêques & les Evêques, & de Messieurs les Curez, par les Maistres & les Maistresses dans les Paroisses où ils seront employez, sous la conduite du R. Pere BARRE' Minime.

## CHAPITRE PREMIER.

### *De l'Esprit de l'Institut.*

### PREMIER ARTICLE.

L'INSTITUT des Escoles Chrestiennes & charitables, a pour son Origine le cœur de Dieu même, lequel a aimé le Monde jusqu'à ce point, que de donner son Fils unique pour instruire les hommes & leur enseigner le chemin du salut, afin que ceux qui croyent en luy ne perissent point, mais qu'ils ayent la vie éternelle.

## II. Article.

Bien que Dieu soit souverainement grand, il prend néanmoins plaisir à s'abaisser vers les petits. C'est pourquoy en predestinant son Fils, non seulement il a voulu qu'il fust homme mais aussi qu'il fust petit enfant, & Jesus-Christ fait enfant voulant executer les ordres & les desseins de son Pere, au premier voyage qu'il a fait a esté chercher un enfant qui étoit encore dans le sein de sa mere, pour l'éclairer, le justifier & le sanctifier : il a voulu que les premieres gouttes de son sang fussent appliquées aux enfans, puisque les Innocents furent les premiers de ses conquestes sur l'empire du Démon. Il a donné à un enfant le milieu, c'est-à-dire, la plus honorable place entre les Apostres : il leur a défendu d'empécher les enfans de l'approcher : & leur a recommandé de leur faciliter l'accez auprés de sa personne divine : il a dit que quiconque scandaliseroit un seul enfant, meriteroit d'estre abîmé dans la mer, & a declaré à tous les grands que s'ils ne devenoient petits comme les enfans ils ne seroient jamais sauvez. Enfin il a dit que quiconque recevroit un petit enfant en son nom, il le recevroit, & comme ailleurs il a dit que ce que l'on fait à un des plus petits, des plus pauvres & plus méprisables on le fait à luy méme, il s'ensuit que quiconque reçoit un enfant pauvre & delaissé, reçoit doublement Jesus-Christ en sa propre personne, & voicy la premiere & principale fin de cet Institut.

## III. Article.

Bien que tous les fidelles & veritables Catholiques doivent avoir une entiere soumission & une parfaite obeissance aux commandemens de la sainte Eglise

Catholique Apostolique & Romaine, neanmoins les Freres & les Sœurs des Escoles charitables, à cause de leurs emplois, qui regardent principalement l'Instruction Chrestienne, en feront une profession plus particuliere, & vivront sous l'autorité de Nosseigneurs les Archevêques & Evéques dans les Dioceses desquels ils seront.

## IV. Article.

En honorant & imitant Nostre-Seigneur Jesus-Christ, qui s'est assujetti par amour à accomplir en tout le bon plaisir de son Pere, les Maistres & les Maistresses tâcheront de faire toutes choses pour le pur amour de Dieu. Et comme la vertu de la charité est le lien de toute perfection, préferables à toutes les autres vertus, elle sera aussi le lien des Freres & des Sœurs des Escoles charitables, & l'ame de leur obeissance, de leur desinteressement, de leur patience, de leur modestie, de leur constance & de leur perseverance finale dans cet employ, & de tout ce qui concerne la perfection de leur estat.

## V. Article.

Ils vivront en Communauté, sans faire de Vœux, ny garder de closture, sous la conduite du Supérieur ou de la Superieure, ausquels ils seront obligez d'obeir dans la veuë du pur & saint amour, & dans la resolution de demeurer dans l'union d'esprit, de cœur & d'employ avec tous les sujets de ces Escoles charitables, où personne ne sera admis ny reçû qu'il ne soit en ces saintes dispositions.

## VI. Article.

Les Maistres & les Maistresses considerant la dignité de leur employ, & le besoin indispensable qu'ils ont de s'en rendre capables, s'exerceront souvent à s'instruire parfaitement de toutes les veritez du Catechiſme & de la pratique des vertus, & ſur tout de la douceur, de la modeſtie, de l'humilité & d'une parfaite obeïſſance ; & ils s'appliqueront auſſi beaucoup à la lecture & à l'eſcriture, afin de pouvoir utilement inſtruire les enfans, qui viennent aux Eſcoles, & leur apprendre toutes les choſes neceſſaires à leur ſalut & à la perfection chreſtienne.

### VII. Article.

Les Maiſons des Eſcoles charitables ſeront ſous la protection de Jesus enfant, & de la ſainte Vierge ſa tres digne Mere ; leurs principales Feſtes ſeront celles de la Nativité de Noſtre-Seigneur Jeſus-Chriſt, la Pentecoſte jour de la Deſcente du S. Eſprit, & la Preſentation de la ſainte Vierge, à laquelle elles rendront une veneration ſinguliere.

### VIII. Article.

Ils s'offriront en ces Feſtes à la tres-ſainte Trinité & feront proteſtation par un renouvellement d'eſprit & de cœur, de ſervir Dieu ſincerement & de ſe rendres dignes de luy appartenir, & de ſuivre ſa conduite en telle maniere qu'il voudra, & qu'il leur ſera ſignifié par leurs Superieurs.

### IX. Article.

Ils auront une grande devotion à ſaint Joſeph, & le prendront pour leur modele, & ſa conduite pour regle de leur vie, premierement en ſon employ qui luy a fait prendre ſoin d'élever le Verbe Incarné ; c'eſt pourquoy ils le regarderont dans tous les enfans qu'ils auront à inſtruire. Secondement ils ſe ſouviendront que S. Joſeph ayant eſté inſtruit par les exemples que luy donnoit Jeſus-Chriſt, auſſi la ſimplicité & l'innocence des enfans doit apprendre aux Maiſtres & aux Maiſtreſſes d'Eſcoles la pratique de ces vertus, & comme S. Joſeph eſtoit un homme de silence & d'oraison, ce doit aussi estre une estude particuliere des Freres & des Sœurs des Escoles charitables.

## X. Article.

Les Freres & les Sœurs selon leur employ devant estre envoyées en divers endroits de la chrestienneté pour instruire les personnes de leur sexe, auront grande devotion à saint Jean Baptiste, aux saints Apostres & Docteurs de l'Eglise, & aux SS. Anges, & entreprendront l'éducation chrestienne des enfans sous la protection & le secours continuel de leur propre Ange Gardien & de celuy de chacun des enfans, c'est pourquoy la Feste du grand S. Michel Protecteur de l'Eglise, & celle des saints Anges Gardiens leur sera en singuliere recommandation.

## XI. Article.

Ils auront aussi devotion à S. François d'Assise, à cause de son admirable pauvreté & total dégagement, à S. François de Paule pour son éminente & miraculeuse charité & humilité, à S. François Xavier à cause de son zele tout divin & apostolique & à S. François de Sales tout épanché pour le salut & la sanctification des ames par l'extrême douceur & suavité du saint amour.

## XII. Article.

Pour correspondre à ces devotions & attirer toutes ces graces, ils commenceront la journée par le *Veni creator*, *le Pater*, *l'Ave Maria*, *& le Credo* dit tout haut par la personne commise sans rien adjouster ce qui servira de commencement à leur meditation du matin. 2. Ils reciteront les Litanies du S. Enfant Jesus les Jeudis au matin. 3. Les Litanies de la sainte Vierge les Samedis. 4. Les Litanies des Saints jusqu'au Pseaume *Deus in adjutorium*, exclusivement les Dimanches, s'unissant par ce moyen à toute l'Eglise triomphante & militante.

## XIII. Article.

Et pour comprendre les ames du Purgatoire dans l'étenduë de leur charité, ils offriront à Dieu toutes leurs journées des Lundys Mercredys & Vendredys pour le secours de ces ames souffrantes, & tous les jours ils diront le *De pro fundis*, l'Oraison *Fidelium* & un *Pater & Ave*, descendant en esprit dans le Purgatoire, & se mettant en la place de ces pauvres & neanmoins saintes ames.

## XIV. Article

L'Esprit de cet Institut consiste principalement à travailler efficacement & sans relâche à leur propre sanctification & à l'entiere perfection de leur interieur par l'acquisition de toutes les vertus, dans l'esperance d'estre attirez de Dieu & élevez par son saint Esprit & sa grace à l'instruction du prochain, en éclairant leur entendement, échauffant leur volonté & changeant leurs moeurs.

## XV. Article.

Leur Exercice capital sera de tenir les Escoles des Enfans pauvres & indigens, & y recevoir les grandes personnes que Dieu y attirera, l'Instruction chrestienne qu'ils font ne permettant pas aucune distinction ny acceptation de personne : avec cette circonspection toutesfois qu'il ne sera jamais permis aux Freres de recevoir en leurs Escoles des Filles de quelque âge qu'elles soient ; ny aux Soeurs des Garçons si jeunes qu'ils puissent estre. Les Maistres & les Maistresses ne pouront aussi aller aux maisons enseigner à lire & escrire ou à travailler pour quelque pretexte que ce soit.

## XVI. Article.

Les plus essentiels devoirs de cet Institut consistent en une grande union des Freres entr'eux & des Sœurs entr'elles sans contestation ny amitié particuliere, ny attachement à leur sens ny à leur volonté. 2. En une grande & interieure soumission aux volontez du Directeur & du Superieur & de la Superieure, dans la veue de Dieu, qui l'ordonne ainsi, selon l'Apostre S. Paul. 3. En une modestie & honnesteté exterieure qui soit capable d'attirer & de porter tous les gens du monde, qui les pouroient voir, à vivre chrestiennement : & enfin en un grand soin accompagné de douceur & de sagesse, de procurer le salut de leurs Escoliers ou Escolieres leur estant recommandez par Nostre Seigneur Jesus-Christ, duquel chaque Escolier ou Escoliere est l'Enfant.

## XVII. Article.

Les Freres & les Sœurs seront toûjours disposées d'aller faire l'instruction à tel lieu & à telle personne que les Superieurs le jugeront à propos, imitant l'exemple de Nostre Seigneur, qui est sorty du Ciel pour venir en terre, qui est le se our des pecheurs & des mourants, qui a catechisé dans les Bourgs & dans les Villages ainsi que dans les Villes, & dont la Mission a esté sur tout pour les simples & pour les pauvres.

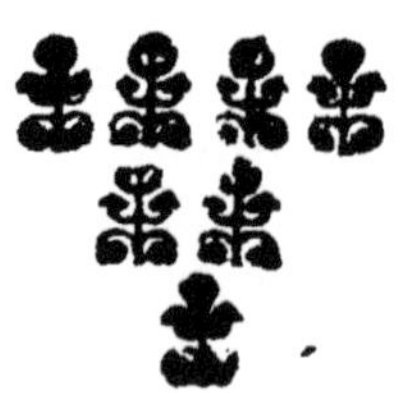

# CHAPITRE II.

*De leurs exercices de Pieté.*

## ARTICLE I.

TOus les Maiſtres & les Maiſtreſſes n'auront aucun rapport, ſur tout de leur interieur, qu'avec le Directeur ſpirituel ou avec le Confeſſeur, ou meſme avec leur Superieur : Si neanmoins le Directeur ou la perſonne Superieure leur permettent d'avoir communication avec quelqu'autre perſonne, ils le pouront faire en nommant à la perſonne Superieure les Directeurs ou les Confeſſeurs à qui ils veulent aller.

## II. Article.

Ils ne pourront faire aucune mortification ny auſterité de corps, ſous quelque pretexte que ce ſoit, ſans le conſentement exprés du Directeur general, quand meſme ils diroient en avoir permiſſion de leur Confeſſeur, lequel eſt prié de n'en ordonner ny permettre aucune, eu égard à leur grand travail : ſi ce n'eſt avec le conſentement exprés du Directeur general.

## III. Article.

Il ne ſera pas permis ny aux Freres ny aux Sœurs de ſe confeſſer pour l'ordinaire au matin du jour qu'elles ſeront obligées d'aller aux Eſcoles, l'experience en ayant fait connoiſtre l'incompatibilité ; & comme elles peuvent ſe confeſſer aux Feſtes, aux Dimanches & aux jours de congé, cela doit ſuffire.

## IV. Article.

Si le Confeſſeur & la perſonne Superieure ſont de differens avis en ce qui concerne l'exterieur, comme le coucher, le manger, la visite des Eglises; la permission de faire quelque Oraison extraordinaire, de faire des mortifications exterieures, de garder le silence & choses semblables, l'avis de la Superieure sera préferé à celuy du Confesseur d'autant que le pouvoir du Confesseur ne se doit pas étendre à la destruction de l'ordre de la Maison ny des Reglemens : En attendant que le Directeur general de toute la Congregation en ait ordonné.

### V. Article.

Ils Communieront pour l'ordinaire tous les Dimanches & les Festes observées dans chaque Dioceze & tous les Jeudys de l'année; neanmoins si la Feste de precepte se rencontre le Mercredy ou le Vendredy, ils ne Communieront point le Jeudy. Ce reglement sera aussi gardé s'il y a deux Festes ou plus dans une Semaine. Ils sont exhortez d'apporter une grande preparation & disposition à cet adorable Mystere n'en devant approcher qu'avec frayeur. La personne Superieure toutefois en suitte du Conseil pris avec le Confesseur ou avec le Directeur est autorisée tant pour les jours que pour les personnes d'en user autrement selon la Prudence.

### VI. Article.

L'action de grace aprés la Communion sera environ d'une demie-heure. Ils tâcheront de bien menager ce temps qui est le plus pretieux de toute la journée, ils se tiendront autant qu'ils pouront dans un grand & respectueux silence se laissant saisir par la misericorde & l'amour d'une Majesté infinie qui veut bien loger dans des ames si viles & si peu dignes de le recevoir : Ils se souviendront tout le jour de ce grand bien & de cét honneur ineffable qu'ils ont receu en demeurant dans une sainte recollection qui marque par l'exterieur même qu'ils sont interieurement dans une continuelle reconnoissance de l'excessive liberalité de Dieu.

## VII. Article.

La sainte Dilection estant la plenitude & le comble de la perfection Chrétienne, la source de toutes les Benedictions de la Congregation, & le lien indissoluble de ceux qui la composent, la Communion des Jeudys sera pour en demander la durée &, l'accroissement, sans exclure neanmoins les autres intentions particulieres des Freres & des Sœurs.

## VIII. Article.

Le Superieur ou la Superieure nommera dans les veilles des Dimanches ou des Festes le plus qu'on pourra, des Maîtres & des Maîtresses pour assister aux grandes Messes des Paroisses, on ne deputera que rarement les Freres, & les Sœurs qui feront l'instruction aux grandes personnes, & du nombre desdits Freres & Sœurs, il y en aura le plus qu'il se pourra qui Communieront ausdits jours dans les Paroisses.

## IX. Article.

Aux jours que l'Eglise fait des Processions publiques dans les lieux où ils seront établis, ils diront les Litanies des Saints dans leur Oratoire & assisteront le plus qu'ils pourront ausdites Processions, en silence, modestie & devotion.

## X. Article.

Les Freres & les Sœur tiendront toujours leur Oratoire ou Chapelle propre & ornée, sans toutes fois s'attacher à de grands appareils aux jours de Solemnitez, parce que l'on y consume beaucoup de temps & que cela cause une dissipation & secheresse dans l'interieur l'interieur, attirant plutoſt la curioſité & une vaine complaiſance qu'une ſainte occupation du myſtere ou des merites du S. dont on Solemniſe la Feſte : Leur ſimplicité & leur pauvreté les diſpenſant auſſi de toute magnificence exterieure. Les Sœurs ne pourront chanter l'Office divin dans la chapelle & on n'y celebrera point de haute Meſſe.

## XI. Article.

Auſdits jours des Dimanches & des Fêtes, on fera les Catechiſmes des grandes perſonnes à une heure précise juſques à deux heures, qui eſt l'heure des Veſpres des Paroiſſes, où l'on envoyera quelques-uns des Freres ou des Sœurs ſelon qu'il ſera ordonné par le Superieur, ou la Superieure.. A la Campagne toutesfois il faudra prendre l'heure avec Meſſieurs les Curez.

## XII. Article.

On fera tous les mois une Conference ſpirituelle; ſoit par le Directeur ſoit par autre perſonne que les Directeurs Eccleſiaſtiques de la Maiſon choiſiront : Et à chaque ſemaine il y aura une Conference pour le Catechiſme. Et en cas qu'on ne puiſſe obſerver ce que deſſus, la Superieure & les Sœurs s'aſſembleront une fois le mois, & une fois chaque ſemaine pour ſupléer, ſelon leur pouvoir entr'elles, au défaut des ſuſdites Conferences

## XIII. Article.

Les Prieres des Ecoles ſeront uniformes ; on n'ajoutera, ny ne diminüra rien à ce qui eſt reglé & qui ſe pratique en la maniere cy-aprés expliquée : & il y aura dans chacune des Ecoles une Carte collée ſur un morceau de bois, dans laquelle on lira en recitant leſdites Prieres.

## XIV. Article.

Dés le premier jour de l'Advent jusques à Noel, & dés le Dimanche de la Passion jusqu'à Pasques, il y aura au moins une Sœur en retraitte alternativement chaque jour au nom de toutes, pour se preparer avec l'Eglise à la Naissance & à la Resurrection de nôtre Divin Sauveur & Precepteur. On observera la même chose depuis l'Ascension jusques à la Pentecôte, pour attirer sur l'Eglise & sur elles-mêmes, & leurs enfans l'abondance des graces du S. Esprit, durant les trois jours du Carnaval, & aux Quatre-Temps pendant les trois jours de jeûnes, pour prier & demander selon l'intention de l'Eglise, une bonne disposition pour ceux qui reçoivent les les Ordres sacrez, d'où dépend l'honneur de Dieu, & le fruict de l'Eglise sur les peuples. Cét Article supose que le nombre des Sœurs & leur emplois le permettent.

## XV. Article.

La Superieure se souviendra de donner deux jours de retraite de suite ou separés par chacun mois, aux Sœurs qui sont appliquées aux Instructions des grandes Personnes.

## XVI. Article.

Chaque Sœur au jour de son association aura permission de faire quelque devotion extraordinaire, afin de renouveller l'esprit avec lequel elle s'est toute consacrée audit jour aux emplois qui regardent uniquement la gloire de Dieu, la charité du prochain & sa propre sanctification.

## XVII. Article.

Il y aura toujours une des Sœurs en retraite, chacune aura un jour entier de chaque mois, pour attirer les benedictions divines sur elles, sur leur employ, sur toutes les Maisons & Personnes destinées à l'Instruction Chrétienne, sur les Bienfaiteurs, & sur tous les enfans, afin que l'oraison ne soit jamais interrompuë comme étant l'appuy de cét Institut, supposé aussi que le nombre des Sœurs le permette.

### XVIII. Article.

Les Sœurs feront chaque année une retraite de dix jours, & partant dans ledit temps elles cesseront l'exercice des Ecoles, & toutes Instructions, afin qu'elles puissent s'occuper serieusement à leur perfection, & à examiner leurs obligations Chrétiennes; & sur tout la fidelité à un si digne emploi, auquel Dieu par un effet tout particulier de sa tres-grande misericorde les a apellées, quoi que tres-indignes. Elles communiront de deux jours l'un pendant les dix jours de retraite : il sera permis neanmoins au Directeur ou Confesseur d'en user autrement selon leur prudence; & les Sœurs qui entreront en la Maison feront ladite retraite dés l'entrée.

### XIX. Article.

Tous les premiers Jeudis du mois, on fera pendant une demie heure la lecture des Statuts & des Reglemens en l'Assemblée publique de la Communauté, & on continüra les jours suivans jusques à la fin desdits Reglemens, afin qu'ils soient mieux compris & accomplis, & qu'on s'y affectionne toujours davantage pour plaire uniquement à Dieu. La Conference de ladite semaine se fera toute entiere sur ce sujet.

### XX. Article.

Si quelqu'une des Sœurs a remarqué quelque chose

contre l'obſervation deſdits Statuts & Reglemens, elle ſera obligée d'en avertir la Superieure en ſecret, & quelques jours aprez la Superieure en fera la correction publique ou particuliere, ſelon ſa prudence, & que la faute aura été publique ou particuliere.

### XXI. Article.

La lecture des Statuts & des Reglemens étant achevée, elles ſe mettront toutes à genoux dans la Chapelle, où elles ſeront pour cét effet, & diront avec un grand recüeillement le *Confiteor*, & demanderont pardon à Dieu des fautes paſſées, & la grace de n'en plus commettre contre leſdits Reglemens.

Tout ce que deſſus doit s'entendre à proportion des Maîtres d'Ecoles.

## CHAPITRE III.

*De la journée des Sœurs.*

### ARTICLE I.

Les Maîtreſſes d'Ecole dés leur reveil donneront leurs premieres penſées à Dieu, le remerciront de la grace qu'il leur preſente en leur donnant une nouvelle journée pour agir en eſprit de penitence, travailler à ſa gloire, au ſalut du prochain & à leur ſanctification; Elles luy demanderont principalement la faveur ſignalée de faire ſa ſainte volonté en toutes choſes, & d'accomplir ce qui ſera d'une plus grande perfection ſelon leur profeſſion.

## II. Article.

Elles se leveront à cinq heures aux jours qu'elles feront les Ecoles, elles emploiront vne demie-heure à s'habiller dans une grande modestie netoyer leur Chambre, faire leur couche & autres choses semblables, le tout en silence & grand respect pour la Majesté de Dieu present en tout lieu. Elles tâcheront dans cette veüe de s'accoûtumer à la recollection, afin d'en contracter une si forte habitude, qu'elles se puissent rendre dignes de l'avoir & même par impression Divine.

## III. Article.

Aux autres jours elles ne se leveront qu'à six heures, & feront les autres exercices une heure plus tard.

## IV. Article.

Aux jours d'Ecoles à cinq heures & demie jusques à six heures, elles feront la Meditation étant toutes assemblées à la Chapelle, sur un sujet qui sera leu à deux reprises d'un quart d'heure l'un de l'autre, afin de soulager la memoire des Sœurs specialement des commençantes, & renouveller l'attention & la ferveur : on lira lentement, observant le sens & les virgules exactement, en sorte qu'on entende intelligiblement ce qu'on lit, & que le fruit en soit plus grand. La Superieu e sera soigneuse dés le soir de marquer la Lecture avec celle qui sera chargée de la faire le lendemain, & ce sera un moyen de rendre cette lecture facile & la Meditation plus profitable.

## V. Article.

A six heures le sable de la demie heure étant passé, les Sœurs reciteront au même lieu devotement, distinctement, & avec un grand recueillement d'esprit, Prime, Tierce, Sexte de l'Office de la Sainte Vierge; elles feront une petite pause au milieu des Versets: ce qui sera aussi observé dans les autres Offices & Prieres vocales.

### VI. Article.

Elles entendront ensuite la sainte Messe en s'appliquant à ce saint Sacrifice avec une attention respectueuse; elles communiront à cette Messe lorsqu'elles en auront la permission, & emploiront toujours une demie-heure en action de grace.

### VII. Article.

A sept heures & demie elles déjeuneront en silence, & un quart d'heure aprés elles sortiront pour aller directement aux Ecoles ensorte que les Maîtresses y soient entrées à huit heures précises; elles quitteront tout autre employ, quelque necessité ou charité qui se presente, afin d'être exactes à employer tout le temps destiné pour le service public, dont l'interest doit toûjours être preferé au particulier. Si quelqu'une manquoit en l'observation fidelle de cet Article, on l'advertira de se corriger, & si elle s'obstine à y manquer, on la chassera sans aucune esperance de retour, comme s'étant renduë indigne d'un si noble employ, & devenuë l'oprobre & le scandal de la Communauté.

### VII. Article.

Un peu avant l'heure du dîner les Sœurs Maîtresses iront a la Chapelle, & pendant l'espace d'un *Miserere*, feront le petit Examen particulier & les bonnes resolutions; & ensuite reciteront None.

## IX. Article.

On dinera les jours ordiniaires à onze heures; les Sœurs auront ſoin de ſe rendre au Refectoire. pour aſſiſter à la Benediction de la Table, le ſilence ſera exactement & étroitement obſervé pendant une demie heure au moins qu'on ſera au Refectoire, où on fera la Lecture tres-lentement & diſtinctement de la Doctrine Chrétienne, ou de quelqu'autre Livre ſpirituel pendant le diner, & chacune des Sœurs lira à ſon tour au Refectoire dans la ſemaine.

## X. Article.

Les jours de jeûnes on ne dinera qu'à onze heures & demie; & les jours de Dimanches & des grandes Fêtes qu'apres la grande Meſſe. Il n'y aura jamais que deux Tables, qui ſuccederont l'une aprés l'autre d'une demie heure entiere pour le manger, ſans y comprendre le *Benedicité*, les Graces & le temps de deſſervir, & l'une & l'autre ſeront ſonnées.

## XI. Article.

Auſſi toſt aprés diner les Sœurs iront à la Chapelle pour dire l'*Angelus*, & enſuite ſe commencera la recreation gaye, agreable & honnête, ceſſant tout travail tant de corps que d'eſprit; on prendra bien garde de ne faire du bruit exceſſif en des cris éclatans, ny de ſe fraper ou faire aucune immodeſtie, on n'y chantera point ſi ce n'eſt quelques Chanſons ſpirituelles aprés en avoir demandé la permiſſion à la Superieure, qui le permettra ou deffendra ſelon la ſituation des lieux, ou qu'elle le jugera plus à propos.

## XII. Article.

Les Sœurs pour quelque cauſe que ce ſoit ne pouront être diſpenſées audit temps de ſe trouver à la recreation, étant de l'essence de leur perfection d'assister generalement à tout ce qui est de la Regle de la Maison & pour ménager leur santé.

## XIII. ARTICLE.

Les Sœurs qui seront destinées pour enseigner aux Ecoles, qui sont hors de la Maison, seront soigneuses de sortir un peu aprés une heure, afin qu'elles soient arrivées pour commencer leurs Ecoles précisément à une heure & demie, bien entendu que les lieux ne soient pas trop éloignés de la Maison, parce qu'en ce cas elles y dineront.

## XIV. ARTICLE.

Lesdites Sœurs retourneront à quatre heures & un quart, & ne s'arrêteront en chemin, quelque necessité ou charité qui se puisse rencontrer; Elles ménageront si bien leur temps qu'elles puissent être à la Maison à quatre heures & demie, pour en ce temps aller au Refectoire faire la collation ensemble.

## XV. ARTICLE.

A quatre heures trois quarts du soir les Sœurs étudiront pour se rendre capables d'avancer dans la Doctrine Chretienne, & aprendre à mieux écrire, observer l'ortografe, & seront exactes à ne dire trop ou trop peu dans les Prieres des enfans, ainsi qu'il a été remarqué cy-dessus, se conforment en toutes choses pour ne rien ajouter ou diminuer aux Statuts.

## XVI. ASTICLE.

A cinq heures trois quarts on ira à la Chapelle pour y reciter Vespres & Complies; on y fera une petite Lecture spirituelle, & le reste du temps jusques à six heures & demie sera employé en Meditation ou Oraison.

## XVII. Article.

A six heures & demie on ira au Refectoire où l'on soupera en silence, & la Lecture s'y fera comme au diner ; & ensuite on ira à la Recréation, où l'on se divertira honnêtement ainsi qu'il a été remarqué cy-dessus.

## XVIII Article.

A huit heures, on commencera Matines & Laudes de l'Office de la sainte Vierge ; on les recitera toutes ensemble dévotement, & ensuite on fera l'Examen de conscience avec la lecture de la Meditation, qui sera courte.

## XIX. Article.

Les Maîtresses se coucheront indispensablement à neuf heures & un quart ; si elles n'y ont satisfait, il y aura privation de la Communion pendant une semaine, si elles ne sont toutes couchées, & en cas de recidive, ladite peine sera augmentée par l'avis du Directeur spirituel, ou de la Superieure.

## XX.

La Superieure, ou une autre Sœur qui sera par elle nommée, visitera les Chambres pour faire ponctuellement observer l'Article precedent, laquelle sœur sera obligée d'accuser les coupables sous peine de desobeissance, la Superieure nommera aussi l'une des sœurs qui prendra soin dés le matin aux heures du lever, à condition que ladite sœur ne se levera au plutost que demie heure avant l'heure de la communauté.

Ce Chapitre se doit appliquer avec proportion aux Freres les Maîtres d'Ecoles comme aussi tous les autres Chapitres suivans.

# CHAPITRE IV.

## *Du Reglement particulier des Ecoles.*

### I. ARTICLE.

L'Ouverture de l'Ecole doit estre faite à huit heures précises, la petite sœur qui sera semainiere commencera la Priere en disant, *Benedicta sit Sancta & individua &c.*

Loüé & Adoré soit JESUS, & ensuitte elle dira, Mettons nous en la sainte presence de Dieu, adorons sa divine Majesté au nom du Pere & du Fils, & du S. Esprit, *L'ave Maria* & dira, Venez S. Esprit remplissez nos Cœurs de vos graces & nous embrasez du feu de vostre divin amour, ô, Jesus, ô mon bon Jesus, ô Marie tres-sainte Vierge & tres digne Mere de Jesus, Sainte & Immaculée en vostre Conception, donnez nous s'il vous plaît à tous vostre sainte Benediction, nous vous la demandons de tous nos Cœurs Mon Dieu, nous vous offrons toutes nos pensées nos paroles, nos actions, purifiez les, sanctifiez les, & les recevez s'il vous plaît au nom & par les merites de nostre Seigneur Jesus-Christ pour vostre gloire, pour nostre salut & celuy de nostre prochain, une des Ecolieres doit dire *Jube domne*, & la semainiere repondra, *Nos cum prole &c.* & faisant le signe de la Croix dira, Au nom du Pere &c.

### II. ARTICLE.

La Maistresse commencera aussi tost aprés la leçon des livres par le signe de la croix, & dira, *In nomine Domini Jesu-Christi*, les Ecolieres doivent repondre Amen.

## III. Article.

Aprés la leçon des livres, la ſemainiere oû la journaliere dira le *Benedicitê* & les enfans dejeuneront en ſilence, & on continura les leçons des heures.

## IV. Article.

Les Maiſtreſſes ſe ſouviendront de faire lire dans le latin par ſyllabes, par mots & par verſets, elle obſerveront ſur tout que les enfans recitent leurs prieres d'obligation, ſans y faire de fautes, oû obmettant qu'elque parole oû les prononçant tout autrement qu'elles ne ſont ecrittes, & pour eviter les manquemens qui ſont fort ordinaires, les Maîtreſſes auront l'Alfabet en main, & liront pour en mieux remarquer les fautes.

## V. Article.

On quittera la lecture à dix heures & on dira, *Tu autem Domine miſerere nobis*, les enfans ayant dit, *Deo gratias*, ceſſeront de parler un petit eſpace de temps pour les diſpoſer à la Priere.

## VI. Article.

La ſemainiere incontinent aprés, dira le *Benédicta ſit ſancta &c.* comme cy deſſus, & eſtant à genoux elle dira Mettons nous en la ſainte preſence de Dieu, Adorons ſa divine Majeſté, & ajoutera au nom du Pere & du Fils &c. en ſuitte fera les actes ſuivans.

## VII. Article.

Le premier d'Adoration & d'Amour en diſant, mon Dieu je vous Adore & je vous aime de tout mon cœur.

## VIII. Article.

Le ſecond de Remerciment, je vous remercie mon

Dieu de ce que vous m'avez creée, racheptée, fait Chrétienne & conservée jusqu'à present.

## IX. Article.

Le troisiéme d'Offrande, mon Dieu je vous offre toutes mes pensées, mes parolles, mes actions & mon travail, faites moy la grace d'accomplir vostre sainte volonté & de mourir plutost que de vous offenser jamais.

## X. Article.

Ensuitte on dira le *Pater noster*, l'*Ave Maria*, le *Credo*, le *Confiteor*, l'Acte de Contrition, Mon Dieu je vous demande tres-humblement pardon & je suis marrie de tout mon cœur de vous avoir offencé parce que vous estes infiniment bon & que le peché vous deplaî, je propose moyennant vostre sainte Grace de m'en corriger & Confesser auplutost disant en compunction de cœur le *Mea culpa*, *Misereatur*, *Indulgentiam*, les Commandemens de Dieu & de l'Eglise, l'oraison *Fidelium*, Venez Saint Esprit &c. avec la Benediction comme au commencement de lEcole.

## XI. Article.

A dix-heures on ira entendre la S^te^. Messe, les Maistresses rangeront les enfans deux à deux en silence, & feront en sorte qu'ils marchent avec modestie & sans faire de bruit, & sur tout en entrant & sortant de l'Eglise ou de la Chapelle, où l'on celebrera la Messe.

## XII. Article.

Une Dixainiere rangera les enfans pour disposer l'Ecole des petites Sœurs, qui sera commencée à une heure & demie, on y recitera les prieres comme au matin & la lecture avec les mêmes intervalles, pour la finir à trois heures : En ce temps les Enfans cesseront

ſeront de parler quelque petit interval, aprés lequel on fera dire trois leçons du petit Catechiſme commençant par les petites Sœurs ou Ecolieres, les unes aprés les autres, ſuivant la diſpoſition de leur eſprit: Le reſte du temps ſera employé en interrogations, & à faire dire les Prieres alternativement, & ces Prieres ſe feront l'aprés-midy, & ſeront recitées en françois.

XIII. Article.

On menagera le temps avec tant d'ordre, que tout cet exercice ſoit finy à quatre heures au pluſtard, on ſe ſouviendra auſſi de reciter, le Lundy le *Veni Creator*, le Vendredy le *Deprofundis*, & le Samedy l'*Ave Maris ſtella*, le tout dez le matin de chacun deſdits jours.

# CHAPITRE. V.

*Les Reglemens pour la conduite exterieure des Sœurs.*

ARTICLE I.

LE ſilence, comme il a eſté dit, doit eſtre gardé pendant tous les repas, comme auſſi depuis la fin de la recreation du ſoir juſques au lendemain aprés le dejeuner.

II. Article.

A l'egard des autres Sœurs qui demeureront dans la Maiſon ſans eſtre employées, elles garderont le ſilence depuis deux-heures juſques à trois, & aux autres heures elles ne parleront qua'vec grande modeſtie.

III. Article.

Il ne ſera pas permis aux Sœurs, même à la Superieure, de rien donner de ce qui appartiendra à la Communauté soit de ce qui est pour leur entretien ou noriture, soit d'autres choses ; tout leur bien estant le Patrimoine des Pauvres, sujet uniquement aux Directeurs de la maison, qui seuls auront droit d'en disposer, elles seront fort soigneuses d'observer cét Article, qui est jugé d'une si grande importance, que chacune desdites Maistresses sera obligeé de reveler au Directeur Spirituel, ou à l'un des Directeurs de la Maison ou à la Superieure, celles qui y auront manqué en quoy que ce soit, sous peine de se rendre complices du larcin fait par leurs compagnes.

### IV. Article.

Il ne sera pas permis aux maistresses, ny même à la Superieure de faire travailler par les petites Sœurs ou Escolieres à leur profit particulier, ou pour quelqu'autre interest que ce soit, au lieu de vacquer aux Escoles, à leur propre instruction, aux exercices de la Maison & aussi de prendre tout le temps de la recreation, du repas, du sommeil, ne leur estant pas permis de disposer du temps, dont l'employ doit estre en singuliere recommandation, & estre preferé à tout autre bien, quoy que meilleur en apparence que leur occupation ordinaire : En un mot elles doivent estre fidelles à l'observation exacte de tous les Statuts & Reglemens, & aux heures ausquelles elles doivent s'en acquitter.

### V. Article.

Les Sœurs ne sortiront de la Maison sans le congé de la Superieure, ny sans dire où elles vont, elles ne sortiront point seules autant que faire se pourra, mais avec une compagne excepté la Depensiere : Au retour elles iront salüer la Superieure, ou celle qui tiendra sa place, pour faire sçavoir qu'elles sont à la Maison, ou pour rendre compte des lieux où elles auront esté. Il ne leur sera pas permis de faire aucun repas hors de la Maison, sans une expresse permission, si ce n'est dans quelque occasion imprévеuë & absolument necessaire, dont elles informeront la Superieure sincerement, quand elles seront de retour.

VI. Article.

Elles ne sortiront que pour affaire necessaire, & le plus rarement qu'elles pourront, & eviteront d'aller faire des visites de simple civilité, & sur tout de se trouver aux ceremonies de Mariage, de Baptéme, de Festins & autres Assemblées.

VII. Article.

Elles ne parleront point aux hommes dans les rües ny à autres personnes, si ce n'est dans une rencontre par necessité & en peu de paroles.

VIII. Article.

Elles éviteront soigneusement les petites amitiez les intelligences ou les liaisons particulieres même entr'elles, parce qu'elles causent des particularitez & des divisions dans les communautez, comme estant contraires à l'Esprit de Charité, dont elles font Profession, & qui demande un amour égal & universel; A plus forte raison éviteront elles les mêmes choses à légard de toutes sortes de Personnes du dehors, outre que l'union etroitte & continuelle de tout leur Cœur avec Dieu seul en souffriroit grand dommage.

IX. Article.

Les Sœurs ne feront de voyages, que pour une tres grande necessité, & avant que de se mettre en chemin, elles auront soin de bien connoître la compagnie des voitures publiques : Si elles s'en servent, elles se tiendront dans une grande modestie & retenüe tant par les chemins, que dans les Hôtelleries,

& toûjours avec un ordre exprés du Directeur Spirituel de la Maison, ou de la Superieure.

X. Article.

L'orsque l'on entrera dans la Chapelle ou autre lieu, où la Communauté s'assemblera, les Sœurs prendront leur place selon le rang de leur Reception, à la reserve de la Superieure & des deux Assistantes, qui auront toûjours les premieres places.

XI. Article.

On aura un tres grand soin de tenir les Chambres fort nettes, & chacune aura soin d'y observer la propreté. Cet Article concernant la netteté doit estre beaucoup consideré, & si l'on y manque on doit en avoir un grand scrupule & confusion, & en attendre la reprimande & la penitence.

XII. Article.

La Sœur qui aura la commission d'éveiller, & de faire observer la regularité de la Maison, ou qui sera chargée de reveler les fautes qu'elles aura remarquées, sera obligée sous peine de desobeïssance de s'acquitter fidellement de son devoir, & si l'on reconnoist que par lâcheté, par crainte, ou respect humain elle y ait manqué, elle sera severement punie par la Superieure.

XIII. Article.

La Portiere ny aucune des autres Sœurs, n'appellera jamais aucune de ses compagnes en criant, mais on ira modestement avertir la Superieure, qu'on demande l'une des Sœurs, & la Portiere en suite selon l'ordre qui luy aura esté donné par la Superieure, avertira celle que l'on demande.

XIV. Article.

On aura un Registre contenant les Noms des Sœurs Maitresses, & le jour de leur Reception, afin qu'il serve d'ordre pour regler les exercices de chaque Jour & de chaque Semaine.

## XV. ARTICLE.

Chacune des Sœurs, commençant par la Sœur Superieure, sera Semainiere à commencer le Samedy à Vespres, elle demandera la benediction à Dieu au Refectoire, & fera la lecture de la Meditation d'une voix fort distincte & posée, à laquelle elle se preparera avec la Sœur Superieure, ou avec une des Assistantes.

## XVI. ARTICLE.

Il ne sera permis à aucune des Sœurs d'avoir rien de grande ny de petite consequence, ny de disposer de quoy que ce soit, qu'on ne le sçache, & veüille bien, & partant il faudra en avoir permission de quelqu'une des Personnes qui leur sont données pour Superieures, le vice de proprieté d'independance & d'interest estant capitalement opposé à la grace de leur vocation Evangelique, la Superieure même en usera ainsi à l'égard du Directeur Spirituel ou des Directeurs Temporels.

## XVII. ARTICLE.

Que les Sœurs prennent grand soin de fuir cette familiarité vicieuse qui les porte à se tutayer & se denommer mutuellement ; cette façon d'agir estant fort contraire à l'honnêteté non seulement Chrétienne, mais à la civile & humaine, fort mal édifiante, & distrayante de Dieu, & toute opposéeà la Recollection.

# CHAPITRE VI.

## *Des deffauts à reprendre & à éviter.*

### ARTICLE I.

CElles qui manqueront souvent par paresse & negligence à l'Oraison & à l'Office, ou qui arriveront trop tard, en recevront penitence, qui est remise à la discretion de la Superieure, & si elles continüent, la penitence sera augmentée par l'avis du Directeur & de la Superieure.

### II. Article.

Elles ne viendront jamais mal propres à la Chapelle, & n'assisteront aux autres exercices en cét etat sous les mêmes peines.

### III. Article.

La Superieure aura soin de se plaindre des desobeïssances aprés deux ou trois advertissemens meprisés ou negligez; afin que les Directeurs de la Maison y remedient efficacement selon l'exigence de la faute.

### IV. Article.

La desobeïssance avec opiniateté & taciturnité mecontente soit contre la Superieure, soit contre les Sœurs, seront considerées comme des fautes de grande consequence. C'est pourquoy celle qui manquera sera condamnée à manger au Refectoire contre terre pendant un jour, & privée de la Communion pendant une Semaine, & pour la troisiéme fois, si elle est de durée un peu considerable, on la mettra de hors, si les Directeurs de la Maison n'en ordonnent autrement.

### V. ARTICLE.

La Superieure empechera les visites trop frequentes soit dans la Maison ou ailleurs, de quelques personnes que ce soit, mémes avec les Parens des Maistresses, comme tres prejudiciables à leur avancement & à leur Profession.

### IV. ARTICLE.

Les Sœurs ne s'entretiendront jamais ensemble des defauts de leurs Sœurs, ny elles ne parleront point des conditions hautes ou basses qu'elles avoient dans le Monde, pour en faire distinction entr'elles dans la Maison, elles ne feront jamais de railleries ny de reproches, mais elles s'aimeront & respecteront mutuellement comme Sœurs, & elles sexamineront sur ce point d'union entr'elles, aux examens du soir & du matin.

### VII. ARTICLE.

Les Sœurs se garderont de cette amitié humaine & naturelle, qu'ont les gens du monde, qui n'ont aucune estime ny affection que pour les personnes, qui reviennent à leurs humeurs, ou qui entrent dans leurs sens & dans leurs interests, & qui méme ne font jamais union avec une personne que ce ne soit en desunissant & detruisant une autre : Parce que cette conduitte ne tend qu'à diviser & ruiner l'esprit de la Communauté.

### VIII. ARTICLE.

Ce seroit une chose fort blâmable, si les Sœurs meprisant les Divins enseignemens de nôtre Seigneur Jesus-Christ, qui les avertit de renoncer à toutes choses & à soy même, de benir ceux qui les maudissent, & le reste ; Se laissoient aller comme des mondaines, à des contradictions, des froideurs, des depits, des mouvemens, & des ressentimens, elles qui font Profession d'enseigner aux autres la Charité, la Mortification, la Patience, la Penitence, la sainte Dilection, & la Perfection Chrétienne. Et partant nous esperons de Dieu, & de leur fidelité qu'elles ne se laisseront aller en de semblables & de si grossiers dereglemens, sous peine d'une penitence extraordinaire.

# CHAPITRE. VII.

*De l'assistance des Sœurs malades, des Funerailles, & des Suffrages pour les Deffuntes.*

## ARTICLE I.

L'Infirmiere traittera les Malades avec grande douceur, & selon l'ordre qu'elle en recevra de la Superieure, & retirera ce qui reste à l'Infirmerie & le tiendra proprement en sorte que rien ne soit gasté.

## II. Article.

Celles qui auront soin des Malades, se souviendront de la parole de nostre Seigneur Jesus-Christ qui nous avertit, que ce que nous faisons pour le moindre de ses Membres, est fait à luy méme. Dans cette veuë elles considereront ce qu'elles voudroient faire à la personne même Sacrée de Jesus-Christ leur adorable Maître & Epoux, & ce qu'elles desireroient qu'on leur fit, si elles estoient Malades.

## III. Article.

Les Sœurs malades ne seront pas seulement secouruës & assistées pour le corporel, mais aussi en principal pour l'Ame. On aura donc soin de les faire Confesser au moins une fois la semaine, & Communier une fois en quinze jours, toute la Communauté des Sœurs y assisteront en devotion & Prieres, ce qui ne sera pas difficile, où l'on dira la Messe tous les jours, demandant neanmoins la permission à M^r^. le Curé ou à l'un de M^rs^. les grands Vicaires.

## IV. Article.

On veillera aussi soigneusement à ce qu'elles reçoivent le Viatique, & l'Extreme-onction, si elles sont en danger : c'est pourquoy on suplira le Medecin de se charger de ce discernement, & en ce cas M. le Curé sera supplié de venir leur administrer lesdits Sacremens.

## V. Article.

On aura un grand soin de visiter les Sœurs Malades tant pour l'Elevation de leur Esprit à Dieu & pour le bon usage de leur Infirmité, que pour leur soulagement & consolation : les visites neanmoins ne se feront qu'avec l'ordre de la Superieure.

## VI. Article.

L'ors que l'une des Sœurs mourra, la Communauté s'assemblera aussi tost, & les Sœurs Psalmodiront en Chœur l'Office des Morts, de la maniere qu'elles recitent tous les jours l'Office de la sainte Vierge, & tour à tour feront des Prieres particulieres pour la deffunte.

## VII. Article.

On Enterrera les Sœurs sans pompe & avec les moindres frais que faire se pourra, en la maniere des personnes du commun, si c'est le matin on y celebrera une haute Messe, ou toutes les Sœurs Communiront pour la deffunte.

## VIII. Article.

Les Sœurs feront dire trois Messes basses le même jour ou le lendemain, outre celles que les Eccleſiaſtiques & les Religieux amis de la Maiſon voudront dire pour le repos de la deffunte.

## IX. Article.

La Communauté dira un *Deprofundis* avec l'Oraiſon d'une deffunte, *Pater & Ave*, à la Priere du ſoir pendant quarante jours.

## X. Article.

Pendant ſix Semaines on fera dire en la Chapelle de la Maiſon une Meſſe baſſe, par chaque Semaine, ou la Communauté aſſiſtera & Communira pour l'Ame de la deffunte, & au bout de l'an on fera dire en ladite Chapelle une Meſſe, où toutes les Sœurs Communieront pour elle.

## XI. Article.

En reconnoiſſance de la Charité des Directeurs & des Bien-faictrices de la Maiſon, qui la font ſubſiſter, incontinent aprés leur mort on fera dire dans la dite Chapelle l'Office des Morts & deux Meſſes baſſes en deux differens jours des deux premieres Semaines où les Sœurs Communiront, & pendant la quinzaine, elles diront à la Priere du ſoir un *Deprofundis* & l'Oraiſon, un *Pater* & un *Ave.*

## XII. Article.

La Communauté fera auſſi la Priere ſuſdite pendant trois jours pour l'Ame des Peres & des Meres des Sœurs, & une fois la Communion dans la dite Chapelle.

# CHAPITRE. VIII.

*Des Obligations & des Devoirs particuliers des Sœurs Maitresses de l'instruction Chrétienne Charitable & Gratuite.*

## ARTICLE. I.

LEs Sœurs se comporteront envers toutes les Ecolieres petites ou grandes comme si elles etoient leurs Meres, dont elles tiennent la place, & en cette qualité elles les aimeront & instruiront le plus egalement qu'il se pourra, sans attache ny preference pour aucune, & elles leur apprendront d'un amour maternel & divin, tout ce qu'elles sçauront de la Vertu & de la Modestie & honnesteté exterieure, & aussi des ouvrages, l'ors qu'ils seront ordonnez par les Directeurs, pour les rendre capables de gagner leur vie, & d'ayder à leurs parens, s'ils sont pauvres, ou de se placer en Condition.

## II. ARTICLE.

Dans leur employ elles se souviendront de ces paroles de Nôtre Seigneur Jesus-Christ, *vous avez receu Gratuitement, donnés Gratuitement*, & ces autres parolles, *L'aissez venir à moy les petits.*

## III. ARTICLE.

Elles auront un grand soin d'instruire les Enfans, & de les rendre capables du Catechisme, des Sts. Mysteres, & de toutes les autres veritez necessaires pour la conduite d'une vie Chrestienne, comme aussi de Prier avec grande attention à la Ste. presence de Dieu, d'assister devotement à la Messe, à la Predication,

& au Service Divin, & de frequenter les Sacrements avec fruit, en leur imprimant dans ces S^ts^. Exercices un grand respect, & une S^te^. Crainte des jugemens de Dieu, & tout ensemble l'amour, & la confiance qu'elles doivent avoir en sa divine Bonté.

## IV. Article.

Elles leur apprendront la maniere de faire leur Examen du soir, & celuy de la Confession, elles leur feront apprendre par cœur les Prieres, qu'elles disent le matin & le soir dans lécolle, affin de les continuer toute leur vie, elles les instruiront aussi de la maniere de frequenter les Sacrements avec les dispositions, qu'on leur aura enseignées, & feront en sorte qu'aucune des Ecolieres plus avancée en âge ne se retire de la Maison, sans avoir fait une Confession Generalle, sur quoy elles les instruiront, en leur donnant aussi des moyens d'eviter les occasions du peché, & de se conserver dans toutes les bonnes habitudes, qu'elles auront acquises dans les Ecoles, afin de les y entretenir jusqu'à la mort.

## V. Article.

Elles leur apprendront à étre toûjours modestes au coucher, au lever, au travail, en leurs vestements, en leur port & maintient, en leurs parolles & actions; & leur donneront une grande horreur de tout ce qui peut estre contraire à la pureté, les portant à l'éloignement des entretiens des Hommes, & à mepriser les ajustements superflus, qu'on leur aura fait retrancher.

## VI. Article.

Elles les exerceront à la mortification de leurs passions, de leurs inclinations & de leurs propre volonté, & à deraciner leurs mauvaises habitudes, pour en prendre, & en contracter peu à peu de bonnes,

VII. Art.

## VII. Article.

Elles se souviendront qu'elles ne doivent pas se contenter d'Instruire les petits Enfans, mais aussi qu'elles doivent prier pour eux, & pour le Prochain, & la qualité de Mere qu'elles exercent, l'éxige ainsi.

## VIII. Article.

Chaque Maîtresse ne sera chargée poûr l'ordinaire que de 70. ou 80. Enfans, & on ne mettra qu'une Maistresse en chaque Classe, l'experience ayant fait connoistre, que cela apporte de la confusion & de la jalousie & qu'elles s'interompent l'une l'autre.

## IX. Article.

Les Maistresses gouverneront les Enfans avec douceur, & eviteront autant qu'il leur sera possible, les châtimens rudes & excessifs : elles ne leur donneront que 3. ou 4. coups de verges, & tres rarement, avec une grande repugnance, & toûjours à l'écart : elles tacheront de les corriger par d'autres voyes, la pudeur & la douceur Chrestienne l'exigent ainsi : La Superieure prendra garde à l'observation de cet Article comme tres important.

## X. Article.

Elles feront autant & plus de conscience de diminüer le temps, qu'elles doivent estre aux Escoles, que si elles dissipoient le bien de la Maison : & si par une grande infidelité elles manquoient en ce point, elles en feront une grande penitence, en s'en accusant à genoux à l'entrée du Refectoire, pour en suitte faire la réparation de cette faute, selon que la Superieure l'ordonnera.

## XI. Article.

Les Sœurs ne pourront, comme il à déja esté

remarqué, ſe diſtraire de l'éxercice des Ecoles, ny de tous les Reglemens ſuſdits, ſous pretexte d'aider le Prochain en des actions de Charité : & ſi la Superieure en accordoit quelque fois la permiſſion, ce ne ſera que pour une cauſe tout à fait extraordinaire, avec grande prudence, & rarement, & elle ſera tenuë d'en rendre compte à l'un des Directeurs.

## XII. Article.

Aux jours de congé les Sœurs auront ſoin de s'appliquer à létude, & méme de prendre l'air, & quelque recreation extraordinaire, en la maniere que la Superieure le trouvera à propos, & toûjours avec grande modeſtie entre elles & entiere edification au dehors.

## XIII. Article.

Aux grands Catechiſmes les Sœurs ſe garderont de faire des queſtions hautes & ſubtiles, & elles tiendront toûjours leur Livre en main, & elles ne feront jamais les Catechiſmes dans les Egliſes.

## XIV. Article.

Quant aux Eſcolieres qu'on diſpoſe à faire leur premiere Communion, on les y preparera chaque jour par un entretien commun autant Affectif qu'Inſtructif, commençant aumoins quinze jours auparavant le Caréme, de plus par un autre petit entretien à chacune en particulier, qui ſe fera de deux jours l'un ſur ce Myſtere, & ſur les diſpoſitions qui y ſont neceſſaires.

## XV. Article.

Les Sœurs Maiſtreſſes auront ſoin avec autant de diſcretion que de zele, de ſe defaire adroitement des Enfans corrompus malediſſans & comme incorrigibles, aprés quelques Semaines d'epreuve, parce qu'elles ſervent le publiq, & luy doivent une ſinguliere fidelité au prejudice de quelque particulier. Mais comme la Charité à toûjours le Cœur ouvert pour bien faire à toutes sortes de Personnes , elles les pouront recevoir aprés quelque mois s'il y a apparence evidente de Correction.

## XVI. Article.

Les Sœurs refuseront , honnestement neanmoins & avec douceur & gratitude , tout ce qui leur sera offert par leurs Enfans , où par leurs Parens, sous pretexte de recompense ou de liberalité , ce qui sera exactement & universellement observé aussi bien à l'égard des riches que des pauvres , dans les Villes, & a la Campagne : Il leur est donc à plus forte raison par cette Article expressément deffendu de rien demander ny directement ny indirectement.

## XVII. Article.

Si les Parens des Sœurs ou autres Personnes leur presentent quelques choses , elles ne l'accepteront que par le Conseil & l'avis des Directeurs de la Maison ,ou de l'un deux , & en leur absence de la Superieure ,qui à la premiere occasion en avertira les Directeurs.

## XVIII Article.

Elles seront Semainieres aux Offices, à la Lecture du Refectoire , de la Meditation , & aux autres exercices méme les plus vils & abjets, comme de laver la Vaisselle & choses semblables : on aura soin neanmoins de n'employer à la lecture du Refectoire & de la Meditation, qui se fera lentement, que celles qui sçavent mieux lire, & on avertira les Sœurs, qui ne sont pas encore bien stilées à la lecture, de s'yperfectioner, afin qu'elles s'en acquitent dignement quand leur devoir les y obligera & l'ordre de la Communauté.

## XIX. Article.

Toutes les Sœurs, méme la Superieure, serviront à tour par Semaine, à la Cuisine aux jours des Fêtes & des Dimanches de ladite Semaine, pour donner un peu de relâche & plus de liberté à la Cuisiniere de vacquer aux exercices Spirituels.

## XX. Article.

Tous les Samedys aprés midy elles balayeront & netoyeront toutes ensembles la Maison. La Superieure distribuera à chacune ce qu'elle aura à faire, afin que cette exercice se fasse avec plus d'ordre, de modestie, & de promptitude.

## XXI. Article.

Il faut que les Sœurs Maistresses soient deux ensemble dans les Villes, Bourgs, & autres lieux, & les recommander à quelque Dame ou Damoiselle, pour eviter toute occasion de mauvaise édification.

## XXII. Article.

Il ne faudra que rarement changer les deux Sœurs dans le méme temps, afin que les Enfans, & les plus grandes Filles ne soient pas detournées de frequenter les Ecoles, comme il est arrivé assez souvent.

## XXIII. Article.

Les Sœurs Maistresses ne feront point de long discours dans les Catechismes, cela estant fort contraire à l'avancement des Enfans, & des grandes Personnes qu'elles doivent instruire, & à leur perfection & Sainteté. Elles feront donc le Catechisme par interogations intelligibles, tournées & repetées en plusieurs manieres & accompagneés de petites moralitez courtes, & à propos du sujet.

## XXIV. Article.

La repetition du Catechiſme precedent, faite pour en rafraichir la memoire, & joindre la Leçon precedente avec la preſente, ne durera pas plus de deux *Miſerere*, & ſe fera par interogations courtes & nettes, auſquelles reſpondront deux ou trois des plus ſçavantes Eſcolieres.

## XXV. Article.

On fera l'inſtruction publique aux Ecoles des grandes Filles & Femmes le Dimanche, & ſi on peut les Fêtes : & les autres jours la lecture & l'ecriture ſeulement ſe feront par la Sœur ou les Sœurs deſtinées, aux mémes grandes Filles & Femmes, tout le long du jour à meſure qu'elles viendront.

## XXVI. Article.

Les Sœurs Maiſtreſſes finiront les inſtructions publiques des Fêtes & des Dimanches par une petite Moralité circonſtanciée & confirmée par une Hiſtoire courte, le tout convenable au ſujet deſdites Inſtructions.

## XXVII. Article.

Dans les commencemens des Eſcoles nouvellement priſes & établies, Il faudra faire apprendre par Cœur aux Enfans les Leçons du petit Catechiſme du Dioceze, où elles enſeignent, & enſuitte elles en pourront prendre de plus étenduës, comme celuy de Bellarmin ou autres.

# CHAPITRE IX.

*Devoirs de la Sœur Superieure.*

## ARTICLE I.

LEs Directeurs de la Maiſon auront ſoin de proceder chaque Année à une Election de la Sœur Superieure dans la premiere ſemaine de l'Avent, changeant tant que faire ſe pourra, tous les ans, & ne ſera continuée jamais plus de trois ans, & en cas de neceſſité : Et aucune ne pourra eſtre Eluë de nouveau qu'il n'y ait au moins une année d'interval, & les Directeurs ſe ſouviendront de nommer toûjours pour Superieure, une qui ait l'Eſprit de l'Inſtitut en toute ſon étenduë.

## II. ARTICLE.

Par ce moyen les Superieures devenant inferieures, pouront eſperer de devenir Superieures en vertus & partant en verité, l'eſprit de l'Inſtitut eſtant de travailler efficacement à faire des Ames dignes de Dieu, de vrayes humbles, & de veritables Organes du S^t^. Eſprit pour la Sanctification des Ames, ſelon l'Ordre de Dieu & de ſon Egliſe.

## III. ARTICLE.

Cette Election & Nomination ſe fera par les Directeurs des Maiſons, ſoit Spirituels ſoit temporels.

## IV. ARTICLE.

Il en ſera de même pour toutes les autres Officieres, comme Aſſiſtantes, Sacriſtines, Portieres. Ils aviſeront auſſi s'il faut uſer de ces changements, pour toûjours ou quelque fois, à legard de la Depenciere, ou de la Pourvoyeuse & de l'Infirmiere.

### V. Article.

Le premier devoir de la Superieure est d'observer & faire observer les Reglemens & les Constitutions, dont elle ne pourra dispenser aucune des Sœurs qu'avec grande circonspection, & si c'est en choses d'importance, la Superieure en parlera aux Directeurs.

### VI. Article.

La Sœur Superieure fera exactement observer le silence, sans la garde duquel il ne faut pas esperer de benediction pour l'Institut, ny d'avancement à la perfection, pour les Sœurs. Et cet Article un peu souvent negligé exige absolument la deposition de la Superieure au plutost par les Directeurs, c'est perdre & ruiner l'Institut d'en user autrement.

### VII. Article.

Si toutes fois il y à quelque necessité qui oblige les Sœurs à parler és temps du silence, la Superieure le permettra à condition que ce soit d'une voix basse, & en peu de paroles.

### VIII. Article.

S'il y a des Ecoles dans la Ville autres que celles qui seront tenües dans la Maison, la Superieure accompagnée de l'une des Sœurs, les ira visiter une fois en quinze jours, & s'il y en a auprés desdites Villes, elle sera obligée d'y aller au moins une fois tous les trois Mois, & y passera tout le temps qu'il sera à propos pour voir & examiner comment tout s'y passe, & l'édification que le Peuple en retire: Et pour les plus éloignées, elle ira une fois tous les ans.

## IX. Article.

La Superieure prendra garde que les Sœurs Maîtresses soient toûjours proprement, ainsi qu'il a été expliqué aux Articles des Habits, & ordinairement les Sœurs auront tant à la Ville qu'à la Campagne des Habits noirs, mais qui soient dans une modestie & simplicité Chrétienne sans pretendre passer n'y paroistre pour des Demoiselles.

## X. Article.

Si neanmoins quelque personne de qualité, se vouloit consacrer à cet employ, elle y sera receüe, & elle pourra porter des habits plus convenables à sa condition l'espace de six mois seulement.

## XI. Article.

La Superieure aura la veuë en general sur toutes choses, qui concernent la Maison, tant au dedans qu'au dehors, & conservera le respect, la paix & l'union entre les Sœurs, & de toutes en general avec les Directeurs, & ne pourra rien resoudre ou entreprendre de consequence que par l'avis desdits Directeurs.

## XII. Article.

Elle aura un grand soin à ce que toutes les personnes de la Maison fassent progrez dans la pieté, dans toutes les autres vertus & bonnes œuvres, & son soin maternel paroîtra sur toute à légard des Sœurs qui souffriront quelque peine considerable de Corps ou d'Esprit.

## XIII. Article.

Elle se souviendra que toute Sœur choisie pour Superieure, déchet de la vertu si elle ne se porte aux choses humbles, & que celles qui president passeront par un tres rude & dur Jugement, parce qu'elles doivent repondre de tous les Reglemens du general

& du particulier de toute la Communauté.

## XIV. Article.

Elle deteſtera la conduite humaine & politique ; qui n'a que la veuë des Creatures, qui en cherche les appuys, qui ſe gagne des ſubjets par des artifices, qui fait tout conſiſter à l'exterieur & à l'apparence : On aura ſoin de depoſer au plutoſt la Superieure qui paroitra de ce genie. Au contraire elle aimera la conduite Chreſtienne qui ne regarde que Dieu, s'y appuye, & qui ne penſe qu'aluy gagner des ſujets, qui entreprend & établit toutes choſes ſur ſes maximes Evangeliques & avance & finit tout par le ſeul & unique amour de Dieu.

## XV. Article.

Elle aura une grande horreur des careſſes, des attachemens & des amitiez ſenſibles, & particulieres des Sœurs, en les conduiſant dans la ſolide vertu & par ſes paroles & par ſon exemple, ne les attachant jamais qu'à Dieu ſeul, de qui elles reçoivent leur Eſtre total de grace & de nature continuellement, en eſtant les Creatures.

## XVI Article.

Elle n'aura rien de ſingulier ny en ſes devotions, ny en ſes mœurs, ny en toute autres choſes qui regarde le corps.

## XVII. Article.

Elle doit porter toutes les Sœurs dans ſon Cœur, les cheriſſant d'un amour egal & vrayement Maternel, ſans s'attacher particulierement à aucune, prenant garde ſur tout que ſous pretexte de douceur, elle ne bleſſe l'exactitude de l'obſervance & de la regularité.

## XVIII. Article.

La Superieure doit estre la premiere à observer les constitutions, ne s'en dispenser que dans les cas, qu'elle en dispenseroit les autres, & si c'étoit pour un temps considerable, ce sera au Directeur Spirituel d'en juger, & de l'en dispenser.

## XIX. Article.

Elle ne doit point, sous pretexte d'affaires & d'entretiens avec les Creatures, s'eloigner de l Oraison, car autrement aulieu d'agir en ses paroles & en ses operations par le principe de la Charité, ce ne sera que par celuy de la nature corompûe : Elle sera donc obligée d'eviter autant qu'elle poura les entretiens qui consumeroient le temps de son Oraison.

## XX. Article.

Elle aura la Clef de la grande Porte durant la nuit, elle veillera sur les mœurs des Sœurs & sur leur progrez, ou dechet en la vertu & dans l'esprit de leur vocation, & sur leur conduite dans leur employ, & leur parlera à cet effect tous les mois à chacune separément, outre les occasions & les besoins extraordinaires, & leur donnera grande liberté à luy parler, & leur gardera parfaitement le secret, sans qu'il en paroisse rien audehors, aprés même qu'elle ne sera plus en Charge, de ce qui luy aura été dit pendant sa Superiorité, & si une Superieure ne garde le secret elle ne sera pas continuée dans la Charge, mais deposée sur le champ, & cela à la premiere faute contre ce point, comme en estant tout à fait incapable.

## XXI. Article.

La Superieure en fait de plainte d'une Sœur contre

une autre, suspendra son Jugement, & ne reglera qu'apres avoir entendu les deux parties, ou telle personne qui sera àpropos, & bien qu'elle ne doive rebuter celles qui luy font des raports, toutefois elle tachera de diminuer & même exterminer cét esprit en elles, se deffira de celles qui sont enclines à ce deffaut.

### XXII. Article.

Un Jour chaque semaine la Sœur Superieure, & les deux Assistantes s'assembleront pour deliberer sur tout ce qui se passe en la Maison, afin que rien ne deperisse, soit touchant le spirituel & l'interieur, soit touchant les exercices des Ecoles & l'exterieur de la Maison, elles inviteront un des Directeurs, qui presidera quand il voudra y assister. Cette Assemblée commencera par le *Veni Sancte Spiritus* & un *Ave Maria*.

# CHAPITRE X.

## *Des devoirs des Assistantes.*

### ARTICLE. I.

ELles seront fort regulieres & edifiantes comme representant par tout la Superieure absente : Elles avertiront la Superieure des manquemens de regularité reconnus en la Communauté.

### II. Article.

Elles auront une estroite union avec la Superieure, une grande deferance à ses Sentimens, & fidelité à les executer, & à exhorter les Sœurs de les executer avec respect & affection.

III. Article.

Les Aſſiſtantes chacune en leur rang, en l'abſence de la Superieure, s'acquiteront de tous les devoirs de la Superieure, à laquelle elles donneront les avis, qu'elles jugeront neceſſaires, pour porter la Superieure à faire & procurer tous les biens & avantages de la Maiſon, ſur tout pour le ſpirituel & la bonne diſcipline des Ecoles.

IV. Article.

Une des deux Sœurs Aſſiſtantes, tant que faire ſe pourra, ſera Maiſtreſſe des jeunes: Elle leur enſeignera tout ce qui regarde les exercices de la Maiſon, tant de pieté, que des Ecoles; & ne permettra pas qu'elles exercent elles même les Eſcoles les ſix premiers jours, mais qu'elles les voient exercer, à moins que les Directeurs ou la Superieure n'en ordonnent autrement.

V. Article.

Les deux Aſſiſtantes s'appliqueront particulierement à veiller ſur l'avancement des Sœurs dans les vertus & dans les ſciences neceſſaires à leur employ, & ſur leurs defauts & en donneront advis à la Superieure, qui travaillera efficacement à leur correction: le tout avec autant d'exactitude, que de ſageſſe & de douceur.

CHAP.

# CHAPITRE XI.

*De la Sacristine.*

## ARTICLE. I.

UNe des Sœurs ſera choiſie pour eſtre Sacriſtine pendant un an, elle aura ſoin de tout ce qui regarde la Chapelle, des Ornemens & de tout ce qui en depend.

## II. Article.

Elle aura une Liſte des Ornemens, du Linge, & des autres choſes, qui appartiennent à la Sacriſtie & en rendra compte à la Superieure en la preſence des Aſſiſtantes deux fois l'an, les veilles de S[t]. Jean-Baptiſte & de Noël ; à l'une des deux fois en la preſence des Directeurs, ou de l'un d'eux.

## III. Article.

Elle prendra garde que le vin pour la Meſſe ne ſoit point mêlé ny gaſté, & qu'il y ait toûjours de l'eau dans la Sacriſtie, laquelle ſera renouvellée tous les jours.

## IV. Article.

Elle aura ſoin de tenir la Chapelle & l'Autel bien propre & net, & de l'orner des couleurs ſelon le temps & la Feſte occurrante, dés les premieres Veſpres.

## V. Article.

Les jours des grandes Feſtes aux Meſſes de la Communauté elle allumera ſix Cierges, aux Dimanches & Feſtes communes quatre, & aux jours ouvriers deux : Elles sonnera la Cloche pour la Messe, elle aura soin de mettre de l'eau benîste dans tous les Dortoirs & les Chambres, & aux portes de la Chapelle, & aussi à celles des Escoles.

### VI. Article.

La Sacristine allumera non seulement les Cierges dans la Chapelle, mais encore les Chandelles dans les Chambres.

### VII. Article.

Elle se donnera de garde de s'arrester à parler au Prestre qui viendra dire la Messe ny avec celuy qui luy doit servir, & observera que toutes les Sœurs en fassent de même, le contraire arrivant, elle est obligée de declarer cette Sœur à la Superieure qui doit en faire correction.

## CHAPITRE XII.

### *De la Portiere.*

### ARTICLE I.

ON aura soin que la porte de la Maison soit toûjours bien fermée, l'une des Sœurs en aura la commission pendant le temps qu'elle sera Portiere, elle aura grand soin de ne point faire attendre personne à la Porte.

### II. Article.

Elle fermera la grande Porte en Esté entre 7. & 8. heures au plus tard; & en autre temps ce sera approchant la nuit, & rendra la Clef à la Superieure, & s'il faut revenir de rechef à la porte, ce sera avec une compagne, & la nuit s'avançant elles auront de la Lumiere.

### III. Article.

Le matin elle reprendra la Clef avant l'heure de la Priere & de l'Oraison, elle sera sage, prudente & silentieuse, & elle satisfera à un chacun du dedans & du dehors par la douceur & par des paroles civiles & edifiantes, mais courtes.

### IV. Article.

Elle ne parlera à personne de ce qui se passe dans la Maison, ny de ce qui entre & sort, & parlant à la Superieure, ce sera à voix basse, en sorte que celles, qui sont auprés d'elle, ne l'entendent pas, ny même la personne qu'on demande, sçache que c'est à son sujet.

### V. Article.

Elle ne recevra ny ne donnera aucune Lettre, ny Billet, ny aucune autre chose, sans en parler à la Superieure.

## CHAPITRE. XIII.

*De la Depensiere ou Cuisiniere.*

### ARTICLE I.

LA Depensiere aura une Liste de tous les Meubles & Ustenciles, de tout le Linge & des autres choses qui concernent la depense & la Cuisine, elle aura soin que rien ne se perde ny ne se gaste, & en rendra compte à la Superieure de six mois en six mois, en la presence des Assistantes vers le temps de Noël & de la S^t. Jean Baptiste, & l'une desdites fois devant les Directeurs ou l'un d'eux.

II. ARTICLE.

Elle conferera de temps en temps avec la Superieure de la qualité & de la quantité des Viandes & autres choses qu'il faut appreter, & aux jours de jeûnes les portions seront augmentées.

III. ARTICLE.

Elle ne souffrira pas que les Sœurs entrent dans la Cuisine, si ce n'est par ordre ou permission de la Superieure, & en cas de necessité evidente.

IV. ARTICLE.

Elle fera les portions egales selon le poids, la mesure, & la qualité des choses lesquelles luy seront ordonnées, & les distribura indifferamment sans acceptation de personne.

V. ARTICLE.

La Sœur qui servira au Refectoire, sonnera la petite Cloche à l'heure prescrite pour le repas, & allumera les Chandelles.

VI. ARTICLE.

La Depensiere retirera ce qui restera au Refectoire, & le tiendra proprement, en sorte que rien ne se gaste.

VII. ARTICLE.

Aucune Sœur ny personne de la Maison, n'achetera, ny ne fera acheter aucune chose pour manger ou pour boire, mais en cas de necessité on s'adressera à la Superieure pour l'ordonner à la Depensiere.

VIII. ARTICLE.

La Depensiere entretiendra le Refectoire, la Cuisine, & la Depense toûjours nettement, & aussi les Vases à boire, & fera balayer le Refectoire une fois le jour.

IX. Article.

Elle tirera le boire, & le mettra sur la Table en la quantité que la Superieure luy ordonnera.

X. Article.

Elle donnera les Chandelles pour les Chambres, pour le Cœur, le Refectoire, pour la Cuisine & par tout ailleurs, & ce entre les mains de celles, qui ont ordre de les employer & allumer, au nombre méme & en la maniere qui sera prescrite par la Superieure.

XI. Article.

A moins que la Superieure ne donne cette commission à quelque Sœur particuliere, la Depensiere aura charge de tout le gros & le menu Linge, qui doit estre en commun, & de le faire blanchir & distribuer indifferamment sans acceptation de personne.

XII. Article.

Cette Sœur aura soin de retirer le Linge sale, & de le donner à blanchir: elle donnera tous les mois des draps blancs pour tous les Licts.

XIII. Article.

Le Linge sera marqué de deux Lettres E. C. & à l'égard de celuy de la Sacristie, on y ajoutera une petite Croix, la Lettre E. signifiant Escoles, & celle de C. Charitables, & la Croix, Nôtre Seigneur Jesus-Christ attaché en Croix pour le Salut de tout le genre humain tant en general que pour chacun des Hommes en particulier.

## ARTICLE GENERAL.

Outre tous ces Reglemens icy specifiez les Freres & les Sœurs accepteront avec humilité & obeïssance & se soumettront par le St. amour de DIEU, 1°. aux vertueuses coûtumes actuellement pratiquées par les Sœurs : Comme de reconnoistre sa Coulpe en presence de toute la Communauté Assemblée, deux fois chaque semaine sçavoir le Mardy & le Vendredy ; & que les Sœurs marchant par les rües des Villes, des Bourgs &c. ne causent pas ensemble, & ne tournent la teste ny la Veuë de côté ny d'autre. 2°. Ils accepteront avec le même esprit & Soûmission les autres Reglemens que les Superieurs ou Directeurs & Spirituels & Temporels assemblez adjouteront dans la suite des temps, selon que l'avancement, la Confirmation & la perfection de ce salutaire Institut le pourront exiger.

---

## *INVOCATION.*

QUe tout ce qui est icy contenu, soit Escrit, Prescrit & practiqué fidellement, par la Grace de Dieu : Au nom & à la Gloire du Pere Eternel, du St. Enfant Jesus son Fils Unique & du St. Esprit, par l'Intercession de la St. Vierge Mere de Dieu, de St. Michel avec tous les *SS.* Anges ; de St. Jean-Baptiste, de St. Joseph, des *SS.* Apostres & de tous les Sts. & Stes. du Paradis. Ainsi-soit-il.

FIN.

# TABLE DES CHAPITRES.

www.ingramcontent.com/pod-product-compliance
Ingram Content Group UK Ltd.
Pitfield, Milton Keynes, MK11 3LW, UK
UKHW021022180726
13838UKWH00004B/1607